I am special because

Draw yourself

Soy especial porque

Dibujate

[drawing box]

_____
· · · · · · · · · · · · · · · · · ·
_____

_____
· · · · · · · · · · · · · · · · · ·
_____

_____
· · · · · · · · · · · · · · · · · ·
_____

_____
· · · · · · · · · · · · · · · · · ·
_____

I am loved by

Draw yourself

Soy querida/o por

Dibujate

I am important

Draw yourself

Soy importante

Dibujate

I can do hard things

Draw yourself

(drawing box)

Puedo hacer cosas difíciles

Dibujate

I am good at

Draw yourself

Soy bueno/a para

Dibujate

I love

Draw yourself

Me encanta

Dibujate

I can

Draw yourself

Yo puedo

Dibujate

I can be kind by

Draw yourself

Puedo ser amable y

Dibujate

I can always try

Draw yourself

Siempre puedo intentar

Dibujate

I am brave

Draw yourself

Soy valiente

Dibujate

I like to

Draw yourself

Me gusta

Dibujate

I smile because

Draw yourself

Sonrio porque

Dibujate

When I grow up

Draw yourself

Cuando crezca

Dibujate

When I'm sad, I can

Draw yourself

Cuando estoy triste, puedo

Dibujate

When I'm mad, I can

Draw yourself

Cuando estoy enojada/o

Dibujate

When I'm scared, I can

Draw yourself

Cuando tengo miedo, puedo

Dibujate

When I'm shy, I can

Draw yourself

Cuando tengo pena, puedo

Dibujate

When I'm playful

Draw yourself

Cuando soy jugeton/a

Dibujate

When I'm tired, I can

Draw yourself

Cuando estoy cansada/o

Dibujate

I can ask for help

Draw yourself

Puedo pedirle ayuda a

Dibujate

I am thankful for

Draw

Doy gracias por

Dibujate

[drawing box]

- -

- -

- -

- -

- -

I am grateful for

Draw

Estoy agradecido/a por

Dibujate

This is how I can calm down:

Draw

Así es como puedo calmarme:

Dibuja

My favorite moment

Draw

Mi momento favorito

Dibujate

Important people

Draw

Personas importantes

Dibujate

. . . .

. . . .

. . . .

. . . .

. . . .

Important phone #s

Draw

#s de telefono importantes

Dibujate

Made in United States
Troutdale, OR
03/05/2025

29525649R00113